بسم الله الرحمن الرحيم

EN SAMLING

HÄRLIGA BERÄTTELSER

FÖR BARN

baserade på islamiska tankar

Alla rättigheter förbehållna

En samling härliga berättelser för barn
(baserade på islamiska tankar)

Författare	:	Arif Mahmud Kisana
Översättare	:	Haris Mahmood Kisana
Reviderad av	:	Anneli Persson Bäck
Omslag	:	Muhammad Shahzad Ansari
Publicerad	:	September 2019
Utgivare	:	Kisana Books Sweden
		Berberisvägen 10
		197 34 Bro
		Sweden
E-post	:	kisanabooks@gmail.com
Webbadress	:	www.kisanabooks.se
ISBN	:	**978-91-639-8671-0**

Denna bok finns även tillgänglig på www.amazon.com

DEDIKATION

Till alla barn som motiverade mig för att skriva den här boken

INNEHÅLL

INLEDNING

Denna bok besvarar alla era frågor som ni kan tänkas ha om att utöva Islam. Jag har försökt besvara era funderingar på ett enkelt men intressant sätt och jag hoppas att ni inte bara kommer att förstå vad Islam är, utan också att ni gillar att läsa om det.

Barn är nyfikna av naturen då det handlar om religion och varför man bör följa en viss väg. Frågorna kan vara enkla, men ibland är svaren inte enkla att förklara. Det är de vuxnas ansvar att tillfredsställa barnens nyfikenhet och då på ett sätt som inte lämnar några tveksamheter i deras sinnen, eftersom det handlar om deras tro.

Syftet med denna bok är att specifikt vägleda unga och muslimska ungdomar på ett sätt som gör att de blir sanningsenliga, patriotiska och respektfulla världsmedborgare.

Förhoppningsvis kommer boken att vara ett värdefullt tillskott till den litteratur som är särskilt riktad till barn och som gör att de kan söka vägledning. Ytterligare en avsikt är att boken även kommer att ge en grundläggande information om Islam, t ex till barn som kan tvivla på och se deras tro som vag. Kort sagt för att göra det möjligt för dem att acceptera Islam med en fullständig ärlighet och utan någon form av press.

Jag vill tacka Muhammad Tariq Zameer (f.d. Pakistans ambassadör i Sverige och Finland), som givit mig ovärderliga råd då boken publicerades, samt alla de som hjälpt mig igenom utgivningen. Jag vill särskilt tacka alla de barn som motiverat mig att skriva boken. Ett särskilt tack till Muniza Tariq för att ha översatt boken från urdu till engelska som öppnade upp dörren för vidare översättningar till andra språk. Boken har varit oerhört populär bland barn och föräldrar och har publicerats på flera språk, som t ex engelska, arabiska, franska, norska, svenska, urdu, danska, persiska, tyska, japanska, hindi och bengali. I framtiden kommer den också att finnas tillgänglig på ytterligare språk. Jag vill vidare tacka Haris Kisana för översättningen till svenska. Författaren riktar också ett stort tack till Anneli Persson Bäck för hennes granskning och förslag till denna översättning. Må Allah välsigna dem med den bästa belöningen för detta stora och hårda arbete.

Så till alla barn, ge mig din feedback om boken och om det finns något annat ni vill skriva om till mig, kan du utan tvekan kontakta mig, så jag kan ha detta i åtanke i mina kommande publikationer. Jag kan kontaktas via e-post på arifkisana@gmail.com

Arif Mahmud Kisana
Stockholm, Sweden

Åsikter om boken

På ett lekfullt sätt har författaren Arif Kisana lyckats fylla ett tomrum genom att förklara Islam i all sin enkelhet för den unga generationen.

Varför är denna bok viktig för föräldrar och barn?

Eftersom jag också är lärare så ser jag boken med pedagogiska ögon. Genom vardagliga liknelser och ett enkelt språk, har författaren skapat ett redskap för både föräldrar och barn. Ett redskap som ger den bästa grundläggande kunskapen om Islam och hur det är att vara Muslim.

Anneli Persson Bäck

A teacher and environmental engineer
passionate about sustainability

Översättarens ord

Denna bok ger en tydlig vägledning till unga muslimer i det moderna samhället. Hur man bör agera, vad som är rätt och fel. Boken belyser vardagliga dilemman och problem som man kan tänkas möta som muslim i samhället och förklarar och ger lösningar på dessa. Till skillnad från många andra böcker med liknande syften är denna bok skriven utifrån frågor ställda av unga och barn själva vilket gör innehållet mer relevant men också mer begripligt för åldersgruppen. Det bör understrykas att trots att boken är skriven för barn och unga passar den utmärkt för intresserade i alla åldrar.

Haris Mahmood Kisana

Varför är vi muslimer?

Kära barn, du känner säkert till att London är Storbritanniens huvudstad och även den största staden i Europa? Det finns många intressanta saker att göra och underbara platser att besöka i London.

I hjärtat av denna fascinerande stad bor en liten flicka vid namn Alisha. Alisha bor med sin mamma, pappa och sina två systrar. Alla bor lyckliga tillsammans.

Alisha är den äldsta och går i skolan medan hennes yngre systrar, Areeba och Inaya spenderar sina dagar lekandes hemma eftersom de fortfarande är väldigt unga.

Familjen bor i ett fint hus inte så långt ifrån Alishas skola. I närheten finns en liten park med gungor och rutschkanor där barnen ofta brukar vara med sina föräldrar och leka.

Det var just en sådan dag då familjen var i parken som Alisha vände sig till sin mamma och frågade, "Mamma, varför är vi muslimer?". Alishas mamma stannade till en stund och svarade sedan, "Vi föddes i muslimska familjer och just därför är vi muslimer."

Alisha funderade på det en stund och frågade återigen, "Så vem är en muslim och hur är muslimer annorlunda från icke-muslimer?"

Alishas mamma log och började förklara, "Hela universum är skapat av Allah. Denna vackra planet, den underbara klara himlen, de gröna sjöarna, de höga bergen, de djupa haven, de grönskande dalarna, solen, månen och stjärnorna, ja allt är faktiskt skapat av (Gud).

Allah har också skapat människorna och han har gett oss människor regler som vi ska följa och leva våra liv efter. Alla dessa regler brukar kallas Islam och de som följer dessa regler kallas muslimer. De som inte gör det är inte muslimer."

Alisha lyssnade och funderade igen en stund och frågade, "Men hur känner vi till dessa regler?"

"Alla dessa regler eller lagar är förklarade i den heliga Koranen", svarade Alishas mamma.

Areeba, som tills nu satt och lyssnade på sin mamma och sin syster blev intresserad av konversationen och bad sin mamma att förklara mer om de här "lagarna". Barnens mamma förklarade att de här reglerna skapades för att skydda folkets intresse och folket var tvungna att följa dessa regler.

"Kommer ni ihåg när vi såg bilolyckan där två bilar kraschade in i en tredje bil?" frågade mamman.

"Självklart, det kommer jag ihåg. Den ena var en röd bil och den andra en blå." tillade Alisha. Hon kom ihåg olyckan klart och tydligt för att det var första gången hon hade sett en bilolycka.

"Lyckligtvis blev ingen allvarligt skadad. Kommer ni också ihåg att strax efter olyckan anlände polisen och de bötfällde mannen som körde den röda bilen, eftersom han hade brutit mot trafiklagarna och kört på fel sida av vägen" frågade mamman.

"Ja, det kommer jag ihåg och den blå bilens förare fick inga böter för att han följde trafikreglerna och körde på rätt sida av vägen", svarade Alisha.

"Helt rätt. Så du ser att såsom människorna har skapat lagar och regler kring hur man kör säkert så att inga olyckor ska ske, har även Allah skapat särskilda regler och lagar så att ingen människa ska skadas på något sätt. Om alla följde de reglerna skulle inga olyckor ske och ingen skulle komma till skada."

"Mamma, kan du ge mig ett exempel på Allahs lagar?" frågade Alisha.

"Självklart. Visst kommer du ihåg för några dagar sedan. när din kusin Nasir brände sin hand när han lekte med lågan från stearinljusen? Det är en lag som Allah har skapat som säger att eld kommer att bränna så om man stoppar in sin hand i eldslågan kommer det sluta med att man har bränt sig och skadat sig själv".

"Så Nasir bestraffades för att bryta mot Allahs lagar genom att stoppa sin hand i eldslågan?"

"Ja, trots sin pappas tillsägelser om att inte göra så", förklarade Alishas mamma.

"Det finns andra lagar skapade av Allah och de som följer dem kommer att vara säkra och de som inte följer dem kommer antingen skada sig själva eller andra. Faktum är att lyda dessa lagar är Islam, just för att Islam betyder lydnad av Allahs lagar."

"Finns alla de här lagarna i Koranen?", frågade Alisha.

"Ja, alla de reglerna och lagarna finns förklarade i den heliga Koranen och det är därför vi alla bör läsa Koranen för att lära oss om reglerna och så att vi kan följa dem så att vi inte skadar varandra eller andra.", svarade Alishas mamma.

Det började bli mörkt nu och Inaya var trött och började bli rastlös så familjen bestämde sig för att gå hem.

Alisha gav sin mamma en stor kram och sa, "Tack mamma för att ha förklarat vem en muslim är och jag lovar att jag kommer att läsa Koranen för att förstå lagarna och för att försöka vara en bra muslim så jag inte skadar mig själv eller andra."

Vad är tro?

Alishas pappa satt på soffan hemma och skulle just ta sig en klunk te när Alishas mamma plötsligt kommer inrusande till vardagsrummet och säger "Kan du snälla gå och hämta Alisha från skolan. Skolan ringde precis och sa att hon har väldigt ont i magen".

Alishas pappa glömde bort sitt te och ställde sig genast upp för att gå och hämta bilnycklarna.

- Kan du ta henne till läkaren på väg hem?, frågade Alishas mamma.

- Självklart, oroa dig inte, försäkrade Alishas pappa.

I skolan fann pappan Alisha, böjd över sina knän av smärta tillsammans med skolsköterskan som försökte lugna henne.

Han tog genast tag i henne och de åkte in till akuten. Läkaren undersökte Alisha och frågade henne om vad hon hade ätit. Han skrev ut medicin som skulle lindra hennes besvär.

Alisha frågade om hon skulle må bättre om hon tog medicinen.

"Absolut, du kommer må bättre om du tar medicinen enligt mina instruktioner, en nu och en till efter fyra timmar", svarade läkaren lugnande.

Fram mot kvällen kände sig Alisha faktiskt mycket bättre bara efter de två doserna läkaren gett. "Pappa, vilken bra läkare, jag känner mig redan mycket bättre. Medicinen han gav fungerande verkligen på mig. Är det inte fantastiskt att vi har läkare och att det finns mediciner som gör att man mår bättre. Kan jag gå till skolan imorgon", frågade Alisha entusiastiskt.

Alishas pappa svarade att hon kunde gå till skolan imorgon om inte smärtan kom tillbaka.

"Pappa, om jag inte hade tagit medicinerna som läkaren gav mig, och enligt hans instruktioner, skulle jag fortfarande ha ont?"

"Ja, när någon har ont eller skadat sig måste den gå till läkaren och följa läkarens råd t.ex. att ta mediciner som är nödvändiga. "

"Det här är också en regel, vi tror på att göra vissa saker på ett visst sätt kommer att stoppa smärtan eller bota sjukdomen. Människor har förstått det här på grund av kunskap Allah har gett oss och vi har en tilltro på kunskapen, vi tror på den", förklarade Alishas pappa.

"Tro, vad är det?", frågade Alisha

"Ännu en fråga! Du frågor för många frågor", sa Alishas pappa och skrattande.

"Skämt åsido, jag uppskattar dina frågor, det är ett tecken på intelligens och man kan lära sig många saker genom att vara nyfiken på dem."

"Låt mig förklara vad tro är genom att ge ett exempel. Föreställ dig någon som inte har ätit något på flera dagar. Han är extremt hungrig och svag och plötsligt erbjuds han sin favoriträtt. Vad kommer han att göra, tror du?"

"Han kommer sluka i sig allt på en gång!", utbrast Alisha

"Men i ögonblicket han ska ta en tugga, kommer kocken springandes in och berättar att han istället för att haft salt i maten har han råkat förgifta den av misstag."

"Kommer han fortfarande äta den?", frågade nu Alishas pappa.

"Nej, nej, han kommer inte göra det för då dör han", svarar Alisha.

"Exakt! Ingen människa, hur hungrig än den är kommer aldrig äta mat som blivit förgiftad eftersom att man vet att man kommer att dö. På samma sätt, är det vår "tro" att om vi bryter naturens lagar eller Allahs lagar kommer vi att komma till skada. Tron på Allahs lagar kallas för imaan eller tron och den som följer dem och gör enligt dem kallas momin eller troende. En troende skadar aldrig sig själv eller andra för att den följer Allahs lagar."

"Så är det viktigt att ha tro eller imaan?", frågade Alisha.

"Absolut! Att tro på Allahs lagar och att följa dem gör att vi inte skadar oss själva eller någon annan. Människor, vare sig de är muslimer eller inte, borde känna sig säkra i en troende momins sällskap. En tro på Allahs lagar sprider välsignelse och glädje för andra och tron på Allahs lagar är grunden för imaan."

"Precis som vi tro på att mediciner kommet att minska vår smärta, borde vi tro på att då vi följer Allahs lagar, så kommer de att ge oss säkerhet och lycka. Det är därför det är så viktigt att Allah kallar sig själv "Al Momin", alltså någon som garanterar andras säkerhet."

"Det betyder att vi borde tro på Allahs lagar och följa dem så att vi inte skadar oss själva eller andra?", frågade Alisha.

"Precis! Det betyder att du har förstått vad imaan eller tron är. Jag vet att du är en klok flicka. Jag ser att du känner dig dåsig, det måste vara tabletterna. Jag kan berätta mer om imaan någon annan dag men just nu behöver du lite vila och sömn, om du inte vill missa skolan imorgon, förstås!"

"Tack för att du hämtade mig från skolan idag och tog mig till läkaren", sa Alisha och gäspade.

Alishas pappa gav henne en puss på kinden, drog upp lakanet över henne och Alisha somnade sakta men säkert in i djup sömn.

Människans lagar och naturens lagar

- Mamma, jag är jättehungrig, snälla ge mig något att äta!, ropade Alisha när hon kommit hem från skolan.

- När du kommer hem ska du först säga Assalamu Alaikum, sedan borde du gå och tvätta dina händer och ansikte och efter det fråga artigt om det finns något att äta.

- Förlåt mamma, men jag är så hungrig idag att jag glömde att hälsa på dig. Kan du vara snäll och göra en smörgås åt mig medan jag tvättar mig?, bad Alisha.

- Jag har gjort lite grönsaker med ris som du kan äta om du är väldigt hungrig, eftersom det kommer ta lite tid att göra mackor.

Alisha protesterade eftersom hon tyckte om maten och tackade sin mamma för att hon gjort den, men också Allah för att ha gett dem mat.

Nöjd efter maten berättade Alisha för mamma vad som hänt i skolan.

- Mamma, jag berättade för mina kompisar det du berättade för mig här om dagen i parken. Laiba, en av mina kompisar undrade om bara de som föds i muslimska familjer kan vara muslimer och om man inte är född i en muslimsk familj ändå kan bli muslim?, frågade Alisha nyfiket.

- Vilken klok fråga Laiba frågade. Det är inte nödvändigt att födas i en muslimsk familj för att vara en muslim, utan vem som helst som läser Koranen och accepterar det som står i den och är villig att följa den kan bli en muslim, förklarade Alishas mamma.

- Du pratade också om regler som vi människor har skapat och reglerna skapade av Allah här om dagen. Om alla de är regler, vad är då skillnaden mellan dem. Jag menar hur skiljer sig människans lagar från naturens lagar?, frågade Alisha.

- Kommer du ihåg att jag gav dig två exempel för att förklara det? En om olyckan med tre bilar och det andra om Nasirs hand som bränts. I det första exemplet, om polisen inte hade varit där kunde den röda bilens förare, efter att ha krockat med den blå bilen, smitit och kunnat undvika böter. Men i det andra exemplet skulle Nasir ha bränt sig oavsett om någon tittade på eller inte. Med andra ord, Nasir skulle ha blivit "bestraffad" även om han varit ensam. Så om du bryter mot en regel skapad av människan finns det en chans att du inte blir bestraffad eftersom föraren kunde smita, men det gäller inte Allahs lagar. Om du bryter mot Allahs regler kommer du att bli bestraffad. "Det är det är som är skillnaden mellan Allahs och människans lagar," förklarade Alishas mamma.

- Det finns ytterligare två skillnader mellan reglerna, fortsatte Alishas mamma:

- Människans regler och lagar kan ändras, men aldrig Allahs lagar eftersom de inte kan ändras.

- Verkligen? Hur då och varför?, frågade Alisha fundersamt.

- Människor skapar nya regler och stiftar nya lagar beroende på vad människor vill ha och med tiden kan de förändras, till exempel var det vänstertrafik i Sverige och i många fler länder förut, men när regeln ändrades kör nu människor på höger sida av vägen. Länder och de som bestämmer ändrar många gånger på lagar och regler till exempel för att modernisera eller för att människorna tänker annorlunda. Däremot kommer naturens lagar aldrig förändras. De förblir desamma och är oföränderliga. Eld kommer alltid att bränna allt som kastas i den eftersom Allahs har gett elden den uppgiften. Elden brände saker som kom in i den för 1000 år sedan och kommer

att fortsätta göra det i 1000 år till. Det är eldens natur och det kan inte förändras.

- Jag förstår, nickar Alisha och fortsätter:

- Vilken är den andra skillnaden?, frågar Alisha

- Den andra skillnaden är att regler av människor är och kan vara olika på olika platser. Exempelvis är det i Sverige, Tyskland, Italien och Kina högertrafik medan det i Storbritannien, Japan och Pakistan är vänstertrafik. Det finns andra lagar skapade av människan som är olika på olika ställen och de gäller inte ens för alla.

- Intressant, men är Allahs lagar samma för alla och överallt?

- Ja, det är dem. Alla bränner sig om man stoppar i ett finger i elden oavsett plats. Om en pakistanier bor i Sverige och stoppar in sin hand i elden kommer personen bränna sig, samma gäller för en italienare som bor i Storbritannien, personen kommer också att bränna sig vare sig hen är muslim eller inte, gammal eller ung, man eller kvinna. Naturens lagar, Allahs lagar, gäller för alla, varje gång och vilket gör det rättvist. Det är därför vi måste tro på reglerna som är skapade av Allah och agera enligt dem. Faktum är att det är Islam.

- Vad fascinerande det låter. Tack för att ha berättat för mig om allt det här. Jag talar om för Laiba och mina andra kompisar om det imorgon. Jag säker på att de kommer att lära sig mycket, sa Alisha.

- Det hoppas jag. Gå nu upp och gör dina läxor så du hinner äta din favoritglass som jag köpt till dig som tack för att du lyssnat med tålamod, log Alishas mamma och strök henne över håret

Vad ska vi tro på?

Tehreem, Shahir och Maheen såg alla fram emot sommaren eftersom deras kusiner, Haris och Rukhsar från Pakistan skulle tillbringa sommaren hos dem i Storbritannien. Varje dag skulle de gå ut och upptäcka något nytt. De hade redan besökt vaxmuseet Madame Tussauds, Buckingham Palace, Naturhistoriska museet i London, Big Ben och Towern.

Idag skulle barnens pappa ta allihop för att se London Eye som är ett gigantiskt pariserhjul på södra sidan av floden Themsen.

Haris hade aldrig varit på ett pariserhjul förut och frågade därför sin farbror:

- Varför kallas det här hjulet för London Eye?

- Det kallas för London Eye för att när hjulet åker upp så kan man se ut över hela London. Precis som man ser med sina egna ögon, kan man se London med det här "ögat".

- Är inte det läskigt... , vad händer om man ramlar ned från hjulet, frågade Haris lite skrajset.

Farbrodern skrattade och försäkrade honom att gondolen man sitter i, är väldigt säker och stängd från alla sidor. Den rör sig uppåt mycket sakta för att man ska kunna njuta av utsikten. Haris blev genast mer entusiastisk av den kommande åkturen på London Eye.

Barnen och farbrodern åkte till pariserhjulet med tunnelbanan. Både Haris och Rukhsar var förstummade över att se ett så stort hjul och en aning rädda för att åka i den, men när de väl satte sig i gondolen var rädslan som bortblåst.

Utsikten från London Eye fick dem att tappa andan - den var fantastisk!

Efter att ha tillbringat nästan hela dagen längs Themsen, var barnen riktigt trötta och ville bara gå hem och prata med varandra.

När de väl var hemma satte sig Tehreems pappa tillsammans med barnen. Tehreem hade talat om för sina kusiner att hennes pappa hade berättat några intressanta saker om Islam, vilket både Haris och Rukhsar ville höra mer om.

- Jag lovade Tehreem, Shahir och Maheen att jag skulle berätta vad en muslim måste tro på. Så om ni inte är allt för trötta kan jag berätta för er också?

- Ja, snälla berätta för oss om dem, bad Haris.

- Som ni säkert redan vet är tron något man tror på med hela sitt hjärta och det råder ingen tvekan om sanningen om den. I Islam finns det 5 viktiga saker som vi måste tro på och efterleva, annars kan man inte vara muslim?

- Vilka är de fem sakerna?, frågade Rukhsar.

- Först och främst är tron på att det endast finns en gud, Allah, viktigast. Det kallas Tawheed. Den andra är att tro på Allahs budbärare, alltså profeterna. Den tredje är att tro på de heliga skrifterna t.ex. Koranen. Den fjärde är att tro på änglar och den femte är att tro på ett liv efter döden. Dessa fem saker kallas också för trosartiklarna.

- Måste man tro på alla de fem för att vara muslim eller kan man vara muslim även om man inte tror på en eller två av dem?, frågade Rukhsar.

- Precis som du behöver ett lösenord för att komma åt din e-post eller Facebook-konto behöver du tro på alla fem trosartiklarna för att vara muslim. Om ett tecken eller en siffra av ditt lösenord saknas eller är fel, då kommer du inte att kunna öppna ditt konto. Detsamma gäller

för att vara muslim, för om du inte tror på ALLA trosartiklar är du inte muslim., förklarade Rukhsars farbror.

- Så att tro på alla fem är som ett lösenord som ger tillgång till Islam?, frågade Haris.

- Precis, du är en klok pojke, Haris.

- Pappa, du sa att tron på EN gud kallas Tawheed. Vad menas med det?, frågade Shahir som fram tills nu suttit väldigt tyst och lyssnat på sina kusiner.

- Tron på en Gud innebär att vi ber till Gud och ingen annan. Vi gör bara saker som gläder Gud och vi har en bestämd tro på att det bara är Allah som styr allt, det är Tawheed.

- Vad menas med att tro på Allahs budbärare?, frågade Maheen som också ville vara med i diskussionen.

- Eftersom Allah inte pratar direkt med människor utser han särskilda personer som förmedlar Guds budskap till alla. De Allah väljer för att förmedla budskapet kallas Rasool eller Guds budbärare likt vår profet Muhammad, Ibrahim, Jesus och Moses. En muslim måste tro på att det budbärarna talar om för oss egentligen är Allahs ord och vi måste tro och efterleva dem.

- Så det finns fyra budbärare och de är Muhammad, Ibrahim, Moosa och Jesus (Frid vare med dem.)

- Bra att du frågade. Vår käre profet Muhammad (Frid vare med honom) talade om för oss att Allah hade skickat 124 000 profeter, som alla var muslimer och lärde ut Islam för att vägleda mänskligheten. Tjugofem av de framstående profeterna nämns i Koranen. Profeter som tog emot, Allahs budskap och uppenbarelser kallades för budbärare som jag tidigare nämnt.

- Vad är de heliga skrifterna för något, frågade Tehreem.

- Det är de heliga böcker Allah uppenbarade för några av profeterna som till exempel Koran som uppenbarades för Profeten Muhammad (Frid vare med honom) och Torah för Moses, Nya Testamentet för Jesus, Zabur för Profeten David. Koranen nämner också Suhuf-i-

Ibrahim, den skriftrulle som uppenbarades för Profeten Ibrahim. Tanken med de här skrifterna är att hålla religionen borta från felaktigheter och förstörelse så att efter profeternas död ska människorna fortfarande kunna läsa dem och vägledas av dem. Allt som är skrivet i dem är faktiskt Allahs ord och vi måste tro på dem.

Med tiden ändrade människor i skrifterna och det riktiga budskapet från Allah var förlorat. Nu är det bara Koranen som är säker och Allah säger också i Koranen att "Gud har uppenbarat den och kommer att garantera och skydda den från förändringar". Alla exemplar av Koranen skrivna och publicerade sedan uppenbarelsen för Profeten Muhammad (Frid vare med honom) sedan åratal, kommer att publiceras i evigheter och kommer aldrig att förändras.

- Varför ska vi tro på änglar när vi inte kan se dem?, ville Haris veta.

- Det är viktigt att tro på änglarna för att de utför Allahs bud. Vi kan inte se dem men de kan se oss.

- Vad är "livet efter döden"?

- Akhirat eller livet efter döden är det eviga livet som kommer att börja efter vårt liv nu, alltså efter då vi dör. I livet efter döden kommer Allah att bestämma vem som kommer att gå till paradiset och vem som kommer att gå till helvetet. Detta enligt ens handlingar, alltså det man har gjort i livet, både det goda och onda. Med andra ord kommer Allah att belöna de som har gjort goda handlingar i den här världen genom att skicka dem till paradiset och straffa de som inte gjort goda handlingar genom att sätta dem i helvetet.

- Jag vill inte hamna i helvetet, sa Haris.

- Då måste du vara snäll pojke och aldrig mer störa mig, sa hans syster.

Alla skrattade åt vad hans syster sagt.

- Farbror, du har förklarat för oss på ett väldigt bra sätt. Kan inte du också säga hur man kan definiera Islam, vad det betyder i enkla ord?, frågade Haris entusiastiskt

- Islam är ett ord från arabiskan som härstammar från ordet "salaam". Ordet täcker ett flertal olika betydelser såsom acceptans, lydnad och fred.

Han fortsatte:

- Islam är ett sätt att leva ett rättroget liv såsom Allah enligt Koranen och visat av Guds sista budbärare, profeten Muhammad (Frid vare med honom).

Med andra ord, är Islam en religion eller ett sätt att leva, där man måste ha full tro på Allahs Tawheed, acceptera alla Allahs order, tro på att Muhammad är den sista budbäraren av Allah och leva enligt Koranen.

- Jag ska berätta något väldigt intressant för dig Haris, tillade Haris farbror.

- Alla religioner i världen har namngetts utifrån deras grundare, eller namn efter det land till vilket de blev skickade till. Några exempel är Kristendomen som namngetts efter Jesus, Buddismen efter grundaren Gautam Buddha och Judendomen som är judarnas religion, namngavs efter stammen Judah av landet Judea. Men Islams namn är unikt på det sättet och har inte någon koppling till något specifikt namn, land eller folk.

Det är inte ett resultat av människans tankar eller begränsat till något specifikt folk. Islam är en universell religion för alla och dess mål är att skapa följare med kvalitet och med Islams attityd.

- Underbart, utbrast Haris.

Han tackade sin farbror för att han berättat om den värdefulla och användbara informationen och lovade att aldrig glömma och att efterleva den.

Vilka är profeterna eller Allahs budbärare?

- Ali, jag ska gå ut och handla, vill du följa med mig, frågade Alis mamma.

- Nej, mamma ... Jag har en inlämning i historia som jag måste lämna in imorgon ...det är nog bättre att jag stannar hemma och jobbar med den. Men snälla, kan du köpa ett paket chips, frågade Ali.

- Skräpmat, ska det vara!, ropade Alis mamma.

- Vad är det för historieprojekt du jobbar med, Ali? Kan jag hjälpa dig med det?, frågade Alis pappa.

- Vi läser om forntiden, hur människor levde förr i tiden och det är faktiskt rätt intressant, svarade Ali.

Hittills har vi lärt oss att människans historia kan delas in i fyra perioder: stenåldern, kopparåldern, bronsåldern och järnåldern. Vi har också lärt oss att man kan dela in människans historia sedan hennes skapelse i tre delar: den första perioden börjar med Adam och slutar med födelsen av Jesus. Den andra perioden börjar därifrån och varar i tusen år och den tredje perioden började för ungefär tusen år sedan och varar till och med idag.

- Oj, vad mycket du lärt dig redan!, sa Alis pappa imponerande.

- Det kanske är så men jag undrar då människor levde på olika sätt under olika tider så fortsatte Allah alltid att skicka budbärare till dem på samma sätt och vad var meningen med att skicka budbärarna... kunde man inte leva utan dem? frågade Ali.

- När Allah skapade människan behövde Allah också skicka sina budbärare då och då så att folket kunde bli vägledda till sanningen och därefter leva ett rent liv.

Den andra anledningen till att skicka budbärare eller profeter var att ge folket kunskap om Allah, Allahs order och hur man ska följa dem. Alla Guds profeter förmedlade inte bara Guds budskap genom att prata om det utan även genom att själva följa dem. Vi har inte blivit skapta för att äta, dricka eller föröka oss, det gör djuren. Den främsta anledningen till människans skapelse är att erkänna Allahs budskap och lyda Allah. Så profeternas huvuduppdrag var att tala om för folket att tillbedja alltså lyda en Gud och att leva enligt Guds order.

- Så profeterna och budbärarna av Allah är samma sak?, frågade Ali.

- Ja, de är båda desamma och det är viktigt att poängtera att allt som profeterna sa och berättade var Allahs budskap so också kom ifrån Allah. Profeterna sa aldrig något som inte kom från Allah och därför är det viktigt för oss människor att göra som profeterna sa och gjorde.

- Skickade Allah sina profeter till alla, överallt?, frågade Ali.

- Man tror att Allah skickade 124 000 profeter till människan sedan människans skapades, men Koranen tar bara upp ett fåtal med namn såsom Hazrat Adam som också var den första mannen. Hazrat Nuh såsom i Noas ark, Hazrat Ibrahim, Hazrat Musa (Moses), Hazrat Daud (David), Hazrat Issa (Jesus) och Hazrat Muhammad.

- 124 000 profeter! Wow, det är väldigt många profeter. Varför skickade Allah så många profeter?, frågade Ali.

- Allah skickade en profet till varje folkstam och grupp av människor eftersom efter en profets död, fanns det en möjlighet att Allahs budbärare skulle bli förvrängd, alltså att budskapet skulle förändras och att många onödiga saker blev tillagda och viktiga borttagna. Det var just av den här anledningen, att det inte fanns något sätt att bevara Allahs budskap efter profetens död som Allahs fortsatte att skicka profeter. För att bli påminna människorna om deras mening av skapelsen. Det fanns heller ingen bra kommunikation mellan folkstammarna förr i tiden såsom det är idag. Varje folkstam eller grupp av människor fick därför en profet sänd till sig, så att de kunde förstå meningen med livet.

- Har det funnits fler än en profet åt gången?, frågade Ali.

- Ja, det har funnits fler än en profet åt gången. Till exempel Hazrat Shoaib, Hazrat Musa och Hazrat Haroon var alla profeter under samma tidsperiod. Hazrat Haroon och Hazrat Musa var dessutom bröder.

- Intressant, men förespråkade alla samma sak och var alla muslimer?, frågade Ali.

- Ja, alla var muslimer och alla predikade samma sak. Det är att följa Allahs order och att endast lyda Allah.

- Skickar Allah fortfarande sina profeter?, frågade Ali.

- Nej, Hazrat Muhammad, (Frid vare med honom), var den siste budbäraren som Allah sände. Profeten var den siste eftersom han kom vid en tid då människor utan större problem kunde förstå och bevara Allahs budskap och även kommunicera det mellan varandra. Alla meddelanden från Allah som profeten Muhammed mottog genom ängel Gabriel, är återgivna i Koranen. Många exemplar av den ursprungliga Koranen har gjorts och spridits till folk över hela världen. Koranen har översatts till många språk så att alla kan ta del av den och förstå dess budskap. Allt det Allah vill att vi människor ska göra är givet i Koranen så det behövs inte några fler meddelanden från Allah.

- Om Hazrat Muhammad är den siste budbäraren av Allah, då borde jag veta mer om honom och det budskap han gav. Men först måste jag bli klar med historieinlämningen och om min inlämning inte är klar innan mamma kommer, då kommer hon inte att ge mig mina chips, log Ali busigt.

- Nästa vecka när vi har lite mer tid, kommer jag berätta lite mer om vår älskade profet Muhammad, (Frid vare med honom), lovade Alis pappa.

Vår älskade profet Muhammad (Frid vare med honom)

Det var helg och eftersom Alis pappa lovat Ali att berätta för honom om vår älskade profet Muhammad (Frid vare med honom), så frågade Ali om han hade gjort sina läxor och om han hade tid.

"Jag ska just ut och spela fotboll men har några minuter före jag ska gå, så jag tror att det är en bra idé om du berättar något om profeten Muhammad (Frid vare med honom) före mina kompisar kommer", sa Ali.

"Ja, varför inte. Som du säkert känner till var profeten Muhammad (Frid vare med honom) den siste budbäraren av Allah och därför är han också känd som 'Förslutningen av profeterna'. Han hette Ahmed vid födseln men hans farfar/morfar kallade honom Muhammed. Egentligen har både Ahmed och Muhammed samma betydelse och kommer från arabiskans "hamd" - vilket betyder beröm/lovord. Men vi kallar aldrig honom bara för Ahmed eller Muhammad för att alla muslimer tycker att han är värd vår fulla respekt. Just därför när vi nämner hans namn, säger vi antingen Hazrat eller profet Muhammad eller Rasool Pak, Rasool Allah eller bara Huzoor. Vi skickar alltid fred med honom och med alla andra av Allahs profeter för att alla Allahs profeter förtjänar vördnad, alltså respekt."

"När och var föddes Huzoor?", frågade Ali.

"Han föddes 570 år före vår tideräkning i Mekka, Saudiarabien. Hans exakta födelsedatum är okänt men muslimer tror att han föddes på en måndag den 12:e dagen av den tredje månaden av Islams kalender, Rabi ul Awal", svarade Alis pappa.

"Vilka var hans föräldrar?", frågade Ali.

"Hans pappas namn var Abdullah och han dog två månader före sin sons födelse. Profetens mammas namn var Aminah och hon dog då profeten själv bara var 6 år gammal."

"Oj, det är så sorligt... men vem uppfostrade honom efter hans mammas död?"

"Hans farfar, Abdul Muttalib .. men när Huzoor bara var 8 år gammal, dog även hans farfar och då tog hans farbror, Abu Talib över vårdnaden av honom."

"Så hur var Huzoors barndom? Var han busig som andra barn?"

"Nej, han var inte ett busigt barn. Han retade aldrig någon, började aldrig argumentera, hamnade aldrig i slagsmål med någon och han använde aldrig ett fult språk."

"Gick han i skolan?"

"Nej, han gick inte i skolan."

"Vad gjorde han då hela dagarna?"

"Tja, han brukade valla får... det var väldigt vanligt för unga pojkar i Arabien på den tiden. Senare när han var lite äldre började han med handel. Han var väldigt känd för sin ärlighet som handelsman och folket respekterade honom för det. Profeten lurade aldrig någon och höll alltid sitt ord. Av den anledningen var han känd som Sadiq (den sanne) och Ameen (trovärdig)."

"Gillade Huzoor barn?", frågade Ali.

"Ja, han älskade dem! Barnen älskade också honom för att han alltid var så snäll mot dem."

"Så hur fick han reda på att han var en av Allahs profeter?"

"Det är en väldigt bra fråga. Han visste inte om det förrän han var 40 år gammal. Ända sedan Huzoor var en liten pojke brukade han gå till en liten grotta som kallades Hira nära Mekka för att be. En kväll när han höll på att be, då uppenbarades ängeln Gabriel för honom och berättade för Huzoor att han var en av Allahs profeter.

Ängeln Gabriel talade också om att Huzoor skulle berätta för alla att han var en av Allahs profeter. Huzoor blev ombedd att memorera allt

ängeln berättade för honom, för att sedan be någon annan att skriva ner det. Huzoor kunde nämligen själv varken läsa eller skriva. Det här var början till Koranens uppenbarelse."

"Blev inte Huzor skrämd av att se ängeln och vad gjorde han efter det?"

"Ja, han var väldigt rädd och lämnade därför grottan och gick hem. Han berättade det som hänt för sin fru, Hazrat Khadija (Må Allah vara nöjd med henne)."

"Trodde hon på honom?", frågade Ali.

"Han berättade för sina vänner och bekanta. Huzors kompis, Hazrat Abu Bakar Siddiq och en ung man vid namn Hazrat Ali blev båda genast muslimer."

"Är han den Ali jag är döpt efter?"

"Ja, det är han du är döpt efter."

"Nu när jag vet allt det här är jag glad att du döpt mig till Muhammad Ali. De var båda viktiga personer".

Alis pappa log och fortsatte "Fast det var inte alla som trodde honom ... faktum var att en del personer trodde inte honom för att han utmanade de dåliga men populära vanorna och ritualerna som invånarna i Mekka utövade på den tiden. De gillade det inte och framförallt inte de rika i Mekka då Huzoor predikade om jämlikhet och rättvisa.

På den tiden behandlade invånarna i Mekka kvinnorna, slavarna och de fattiga väldigt dåligt. De hade inga rättigheter och var i händerna på de rika herrarna. Huzoor bad om deras rättigheter och resultatet blev att de kände sig hotade och började planera ett mord på Huzoor."

"Herregud! Vad gjorde Hazoor då?

"Han fick tecken från Allah att han borde lämna Mekka och emigrera till Medina som är omkring 400 kilometer från Mekka - vilket han också gjorde. Denna migration är känd som Hijrat under år 622 och det är det första året av muslimska kalendern.

"Jag hoppas invånarna i Medina behandlade honom väl?"

"Javisst det gjorde de. De var väldigt gästvänliga och en hel del av dem konverterade till Islam väldigt snabbt. Hazoors sista viloplats är också i Medina, den stad han verkligen älskade.

Precis då ringde dörrklockan och Alis mamma ropade att hans kompisar var här för att hämta upp honom.

"Tajmingen kunde inte varit bättre... tack pappa för att du berättat om Huzoor. Han var en väldigt fin person!", sa Ali och skyndade sig ut för att träffa sina vänner.

Varför är just Islam den sanna religionen?

Maryam och Alia är bästa vänner och de tillbringar tid tillsammans på helger och lov. De går också på Koranskola tillsammans och pratar om religion med varandra.

En dag gick Maryam hem till Alia efter Koranskolan. Hennes pappa skulle hämta upp Maryam efter att ha hämtat upp hennes lillebror från fotbollsträningen.

Alias pappa hjälpte Alias mamma i köket men när flickorna kom satte sig Alias pappa med dem för att ge sällskap.

Både Maryam och Alia satt och diskuterade dagens Koranskola och Alias pappa anslöt sig till diskussionen.

"Pappa, hur vet vi att Islam är den enda sanna religionen? Alla religioner lär ut goda handlingar och följarna av de andra religionerna tror att just deras religion är den rätta", frågade Alia nyfiket.

"Du har rätt, alla religioner lär ut godhet, saker såsom ärlighet, sympati och rättvisa. Men den egentliga frågan är varför vi behöver religion? En person kan inte förstå sig på allting i livet bara genom att använda sitt förnuft, utan vårt förnuft behöver vägledning för att vi ska kunna leva ett så bra liv som möjligt. Denna vägledning kommer från Allah genom Allahs budbärare i formen av en Wahi, alltså en uppenbarelse. Precis som ett öga behöver ljus för att kunna se behöver vårt förnuft vägledning. Utan denna vägledning tar det flera år för människor att lära sig av sina misstag och erfarenheter men om någonting kommer direkt ifrån Allah, ja det är bara då vi vet att det är det rätta. Islam är den enda religionen som ger denna vägledning. Inte bara hur man ska be utan även hur man ska bete sig i olika sociala situationer. I korthet erbjuder Islam en komplett kod för livet, eller man kan säga en handbok om hur man lever ett moraliskt liv - ingen annan religion erbjuder det."

"Så Islam är mer än bara en religion?", frågade Maryam.

"Ja verkligen, det handlar inte bara om riter det pratar alla religioner om. Islam är bortom riterna en "deen", vilket är en komplett vägledning för livet. Allt från att hur man äter, sover, till hur man klär sig. Islam talar om för oss hur man sköter sig själv men också hur man sköter sig i det gemensamma livet med familj och arbete. Ingen annan religion ger en så djup vägledning av livet. Många religioner har förstörts under flera år på grund av människans involvering. Islam är den enda religion som finns kvar så som den var från början för att Allah har lovat att ta hand om Koranen. Allt som står i Koranen är därför Allahs ord."

"Jaha. Nu förstår jag skillnaden mellan Islam och andra religioner... Jag har alltid undrat det." sa Alia.

Så hur ska vi bete oss med människor med andra religioner?" frågade Maryam.

"Islam talar om att vi ska behandla människor med andra religioner med respekt. Allah förbjuder muslimer att börja argumentera med personer som inte tror på Islam. Om de säger något dåligt om Islam ska du ställa dig upp och gå därifrån och när väl de slutat prata dåligt om Islam kan du återvända till dem. Du kanske har lagt märke till det som händer under FN-sammanträden. Då en ambassadör från ett särskilt land inte gillar eller håller med om det som sägs, då lämnar den sammanträdet och visar då sitt missnöje. Det kallas "walk out". På samma sätt borde vi "walk out" om vi inte gillar det som sägs om Islam."

"Det är klokt.", sa Alia.

"Ja, Islam är en väldigt förnuftig religion och allt har verkligen en mening i Islam.", sa Alias pappa.

Precis då klev Alias mamma in med juice och mackor till allihop och de tackade henne för det eftersom de vid det här laget var rätt hungriga.

Varför går våra böner ibland inte i uppfyllelse?

Familjen Malik satt alla bänkade i sofforna framför Tv:n och tittade på Pakistan mot Australien i en cricketmatch. Atmosfären var laddad då Pakistan bara behövde ett par runs och det var sista over. Omar bad högljutt för Pakistans vinst medan Saleh, Hussain och Laiba bad tysta för sig själva.

Attans! Pakistan vann inte matchen. Familjen Malik var väldigt besvikna av det.

"Jag som bad så mycket om Pakistans vinst så varför gick mina böner inte i uppfyllelse av Allah?", klagade Omar.

"Jag bad också.", sa Saleh.

"Jag med", sa Laiba.

"Mm, alla våra böner går inte alltid i uppfyllelse.", sa Omars pappa, Mr. Malik.

"Varför inte? Hur kommer det sig att vissa av våra böner besvaras medan andra inte gör det?", frågade Saleh.

"Låt mig förklara för dig varför våra böner ibland inte besvaras. Egentligen borde vi använda ordet "supplikera", alltså där vi ber till den högre makten Gud, istället för ordet be.

När vi supplikerar ber vi Allah för någonting bara Allah kan ge oss men det finns särskilda villkor som personen först måste uppfylla för att Allah ska bevilja bönen.

Det första och främsta villkoret är att själv gör allt som går för att åstadkomma det man ber om. Till exempel, om du har ett prov som du inte har pluggat till och sedan ber till Allah att du på något sätt ska få A kommer den bönen inte gå i uppfyllelse för att det första villkoret är inte uppfyllt. Det gäller alla, om du vill få A på ett prov måste du ha pluggat till det vare sig de tror på Allah eller inte.

Allah har skapat särskilda regler och de som följer dem blir framgångsrika medan de som inte gör det, oavsett hur mycket de än ber, de kommer inte att bli framgångsrika."

"Men pappa det pakistanska laget tränade hårt inför matchen och alla pakistanier bad för dem även de som bodde i Mekka och Medina bad för dem och Allah nekar inte böner som kommer ifrån de heliga platserna. Så varför vann vi inte?", frågade Omar.

"Det australiensiska laget kanske tränade hårdare och bättre inför den här matchen. De kanske kämpade mer och även bad om vinst. Så framgång beror på en rad olika faktorer och handlar inte bara om böner", förklarade Omars pappa.

"Så vad är det för faktorer… jag menar vilket är det bästa sättet att försäkra sig om att Allah kommer att uppfylla våra böner? frågade Laiba.

"Som jag förklarade innan att om en person följer naturens lagar och själv kämpar för det en vill och sedan frågar Allah om hjälp, ja då kommer Allah att svara ens böner. Som i slaget vid Badr, vilket var det första slaget mellan muslimer och icke-muslimer. Muslimerna under ledning av Hazrat Muhammad (Frid vare med honom) förberedde sig väl inför slaget, de övade och tränade hårt och följde Huzoors instruktioner och de bad till Allah om att de skulle vinna över de andra. Allah uppfyllde deras böner och "gav" dem vinsten."

"Det betyder att även Allahs profeter var tvungna att be och kämpa själva?"

"Absolut! Alla Allahs profeter var tvungna att följa Allahs instruktioner och be till Allah för att de skulle bli framgångsrika i sina uppdrag. När Allah talade om för Hazrat Nuh (Noah) om översvämningen, Hazrat

Nuh bad till Allah att rädda honom och hans folk från översvämningen och Allah talade om att han skulle rädda honom och hans folk om han byggde en stor båt, ett ark, och gömde sig i den.

Hazrat Nuh följde Allahs instruktioner och räddades från drunkningen.

På samma sätt bad Hazrat Musa till Allah att rädda hans folk från den grymme Faraon (Ramses den andre) och Allah talade om för Hazrat Musa att göra motstånd mot Faraon och då skulle Allah rädda dem alla från Faraons grymhet.

Hazrat Musa tillsammans med sin bror Hazrat Harun gjorde så som de var tillsagda av Allah och slutligen gav Allah dem vinsten över Faraon. Som du ser var även profeterna tvungna att kämpa och jobba hårt och följa Allahs order och sedan be för att få seger."

"Om hårt arbete är vägen till framgång vad spelar det då för roll att be? Det finns många människor i världen som inte ber men fortfarande är framgångsrika.", frågade Hussain.

"Alltså, Allah låter inte någons hårda arbete och kamp gå till spillo även om de är icke-muslimer, men om någon ber tillsammans med det hårda arbetet kommer saker och ting bli lättare och framgång är garanterad.

När man ber till Allah ber man Allah vägleda en rätt och efter att ha bett till Allah och gjort sitt bästa, sviker inte Allah.

En annan viktig sak att komma ihåg är att vi borde fortsätta be till Allah även om vi tror att våra böner inte går i uppfyllelse första gången. Det vi frågar efter kanske inte är det bästa för oss och då kommer Allah inte låta bönen uppfyllas.

Efter att ha bett till Allah ska vi acceptera Allahs dom och vilja och inte klaga för det är Allah som vet bäst och vi borde lita på Allahs dom."

"Nu vet jag varför jag inte får de högsta betygen", sa Hussain.

"För att du inte ber?", frågade Saleh.

"Nej, för att jag bara ber och inte jobbar tillräckligt mycket med läxorna", svarade Hussain.

Saker Allah har förbjudit

Isha verkade inte på gott humör när hon kommit hem från skolan. Faktum var att hon var så arg så att hon slet av sig sin ryggsäck, slängde den mot väggen och sprang upp på sitt rum utan att ha hälsat på sina föräldrar.

Ishas mamma frågade Ishas lillasyster Hijab; "Vad har hänt med henne. Har ni bråkat?".

"Nej, mamma. det är inte jag utan Maria. De båda hade ett gräl i skolan. Jag vet inte vad de bråkade om och Isha var för arg för att tala om det för mig", sa Hijab.

"Okej, jag går upp och frågar henne vad som hänt", sa Ishas mamma som reste sig upp från soffan och gick upp till övervåningen.

"Isha raring, berätta för mig vad som hänt. Varför är du så upprörd?", frågade Ishas mamma.

"Jag går inte ur sängen! Jag är väldigt arg för att Maria knuffade mig, skämtade om mitt namn och kallade mig Isha Shisha. Jag ska inte bjuda henne på mitt kalas och kommer aldrig mer att prata med henne!" sa Isha upprört.

"Men varför sa hon så. Är inte hon din vän?" frågade Ishas mamma.

Men innan Isha ens hann öppna munnen för att svara sa Hijab: "Det var Isha som startade det hela. Hon vägrade leka med Maria och gjorde också grimaser mot henne".

"Det var för att jag redan lekte med Khadija och Arifa och Maria höll på att tjata på mig att jag skulle leka med henne ensam. Jag sa bara till henne att gå därifrån och då blev hon arg på mig, knuffade mig och kallade mig Isha Shisha. Jag är alltid trevlig mot henne och skämtar aldrig om hennes stora näsa som de andra tjejerna gör, men ändå så brydde hon sig inte om det." sa Isha förtvivlat.

"Det är inte bra att skämta om andra personer eller ändra på deras namn. Allah gillar inte det." sa Ishas mamma.

"Blir Allah arg om vi skojar om andra personers namn?, frågade Hijab.

"Ja, Allah gillar inte att man förolämpar någon och när man skojar om personers namn så förolämpar man dem.", förklarade Ishas mamma.

"Vad annat tycker Allah inte om att vi gör?", frågade Hijab.

"Allah ogillar inte bara skoj om andras namn utan han gillar även inte personer som kritiserar andra personer eller anklagar dem för att ha gjort någonting utan att bevisa det. Även om någon har gjort något dumt ska man inte berätta det för alla. Man, borde tvärtom försöka hjälpa personen genom att inte sprida runt det.

Man ska även inte vara elak gentemot andra eller skoja om deras kropp eller någon annan funktionsnedsättning som de kan ha. Vi borde heller inte överdriva någonting som någon har gjort eller sagt eller misstänka någon för att tänka dåligt om en. Inte heller ska vi skapa oss en uppfattning innan man först ens har gett personen en chans att visa sig."

Både Isha och Hijab lyssnade noga på sin mamma för att det här var nytt för dem.

"Vi ska inför folk prata lugnt och sansat och inte höja våra röster även om de har fel. Om vi har en diskussion borde vi lyssna på allas synpunkter med tålamod och försöka att möta argumenten med logik och inte uttrycka våra åsikter kring dem."

"Men vad händer om någon gör dig arg?", frågade Isha.

"Ilska är vår värsta fiende eftersom då man är arg kan man säga eller göra någonting som man ångrar senare."

"Så hur borde vi hantera ilska då?", frågade Isha.

"När man är arg borde man försöka att lugna ner sig och påminna sig själv om att Allah inte gillar ilska. Att förlåta någon som gjort något dumt är det bästa sättet att hantera ilska på. Det är svårt att göra så men inte omöjligt. Det är vad momins gör. Det är inte klokt att straffa någon på grund av ens ilska på den personen - vi har inte rätt att göra så.

Endast Allah kan straffa någon för något. Vi borde bara fokusera på att förbättra vår attityd hellre än att bry oss om vad andra gör för fel."

"Maria sa också att hon önskar att min nya klocka som pappa köpt åt mig på min födelsedag antingen går sönder eller blir stulen. Är inte det väldigt elakt sagt?", frågade Isha.

"Ja, det är det och hon borde inte ha sagt så. Det visar att hon är avundsjuk och det är inte en bra egenskap. Om någon har något fint borde vi vara glada för dem och inte önska dem något ont. Man ska inte heller prata bakom någons rygg eller i deras frånvaro. Allah förbjuder oss att leta efter andras brister, att förminska någon, vara arrogant och stolt över någonting vi har men inte andra."

Nu hade Ishas ilska avtagit och hon verkade mer lugn.

"Imorgon kommer jag be Maria om förlåtelse och fråga henne om hon vill bli min kompis igen.", lovade Isha.

"Du är en bra flicka! Kom ner nu så äter vi mellis." sa Ishas mamma.

Etiketter vid samtal

Saad och Samir var väldigt förväntansfulla för att det var sista dagen i skolan före sommarlovet och de satt och planerade sommarlovet och om hur de skulle tillbringa sin ledighet.

"Vi ber pappa ta oss till farbror Zias hus i Madrid", föreslog Saad.

"Madrid? Av alla ställen, aldrig i livet! Det är väldigt varmt i Madrid på somrarna så jag ber pappa att ta oss till farbror Tanvirs hus i Oslo. Hans hus ligger precis vid bergen och det finns också ett vattenfall alldeles bredvid huset.", sa Samir.

"Men det finns inget att göra annat än att gå på promenader. Det kommer vara så tråkigt där!", sa Saad.

"Nej, det kommer det inte vara tråkigt. Vi kan gå på picknicks eller varför inte rida på hästar..."

Men innan Samir kunde avsluta sin mening avbröt Saad med: "Nej, jag gillar inte att rida. Jag vill åka till Madrid där jag kan leka med Farhan och Farooq.", ropade Saad.

De högljudda rösterna gjorde att deras pappa kom in för att se om allting stod rätt till.

"Lugna ner er nu killar! Varför pratar ni så högt?", frågade pappa.

"Vi planerar inför sommaren men vi kan inte komma överens om var vi vill tillbringa sommarlovet", sa Samir.

"Det finns ingen anledning att skrika på varandra. Det är dålig hyfs.", sa pappa.

"Men vi bråkar ju inte.", sa Samir.

"Även om ni inte bråkar eller grälar finns det särskilda regler, etiketter vid samtal och vi borde ha de i åtanke när vi pratar.", sa deras pappa.

"Finns det? Vad är det för etiketter, pappa?", frågade Saad.

"Till att börja med borde man inte höja sin röst när man pratar med andra. Att prata högt kan starta ett bråk."

"Kan man inte prata högljutt även om man är arg?", frågade Samir.

"Nej, det ska man inte. I synnerhet när man är arg för att det gör bara saker och ting värre. Det andra att komma ihåg är att lyssna noga på vad den andra personen säger och inte avbryta han eller hon i mitten av en mening. Det man säger ska vara logiskt och man ska inte bara argumentera för argumentationens skull. Om vi inte håller med om vad som sägs ska vi säga det på ett fint sätt och sedan tala om vår åsikt utan att tappa humöret. Det är också elakt att skoja om personer om de t. ex. har ett talfel. Vi borde visa respekt för personer som har sådana problem."

"Min kompis Rehan stammar och det låter roligt.", sa Saad.

"Det kan låta roligt för dig men tänk dig hur han känner sig när du skrattar åt någonting som han inte har kontroll över? Det är inte alls roligt för honom. Vi borde sätta oss i den andra personens situation, tänka på hur det vore om du var utsatt och sedan se hur det skulle kännas för oss. Du skulle nog inte gilla att någon skrattade åt ditt tal och därför borde du inte heller göra det åt andras."

"Nabil pratar fel engelska och det är så roligt. Alla mina kompisar och jag njuter av att höra honom prata på engelska… han förstår inte ens varför vi skrattar.", sa Samir.

"Det är också dålig hyfs för att du skämtar om hans tal."

"Vad mer ska man tänka på när man pratar?", frågade Saad.

"Man ska också ta hänsyn till de ordval man gör. Vi borde inte använda ord som kan såra andra och särskilt inte svordomar. En annan väldigt viktig sak som många inte tänker på är att de för vidare elaka saker om andra utan att först ha bekräftat sanningen i dem. Det är en synd! Vi borde inte heller sprida elakt skvaller om andra

även om det är sant. Istället borde vi avstå från rykten, för det är så rykten sprids. Överdriva eller förminska andra för att man själv ska plocka poäng är också fel. Vi borde helt enkelt tala om sanningen och undvika att förvränga det på något sätt."

"Vår religionslärare pratade om att vi borde vara civiliserade gentemot varandra när vi pratar med varandra. Vad menas med att vara civiliserad?", frågade Saad.

"Att vara civiliserad betyder att man respekterar varandra och att agera civiliserat i en konversation betyder att man pratar med varandra med respekt och är inte på något sätt arrogant över något som man behärskar men som den andra inte gör."

"Vi borde inte heller prata om onödiga saker eller vara misstänksam över andras intressen. Likväl borde vi se till att prata tydligt så att den andra personen inte missförstår det vi säger. Om man pratar med tydlighet sker inga missförstånd."

"Hade vår profet Muhammad (Frid vare med honom) det här i åtanke i en konversation?", frågade Samir.

"Ja absolut! Han hade det bästa uppförandet. Även i hans samtal tänkte han på det Allah ville att vi människor skulle tänka på när vi pratade. Just därför är det viktigt att ha allt det här i åtanke när vi för samtal så att Allah blir glad."

"Nu ska jag försöka tänka på det här när jag pratar med andra och inte skämta om Nabil när han stammar", lovade Saad.

"Jag kommer inte att skoja om Rehans engelska", lovade också Samir.

"Ni båda är bra pojkar och jag tar er till Oslo på sommarlovet och till Madrid över vintern. Låter det bra?" sa pappa.

"Ja!", utbrast Saad och Samir.

Alla muslimer är lika

"Varför är inte vi Chaudhry?, frågade Ayesha sin pappa medan hon gick in i huset.

"Vad har hänt? Varför frågar du mig det här?"

"För att min kompis Faiza är väldigt stolt över att hon är en Chaudhry. Hon säger att Chaudhry är en överlägsen kast... stämmer det? Varför är inte vi Chaudhrys? Kan vi byta vår kast och bli Chaudhry vi med?... Vad är kast förresten?

"Ta det lugnt! Jag ska förklara allt för dig", sa Ayeshas pappa.

Ayeshas lillasyster Hajra och lillebror Qasim kom också och satte sig hos Ayesha.

"Kast var ett system som delade in människor baserat på vissa särskilda egenskaper. I Pakistan exempelvis har vi Chaudhrys, Maliks, Awans, Rajas , Qureshis med flera. De delar vissa gemensamma saker som språk, tro och normer. Inget kast är överlägset eller underlägset någon annan. Alla människor är lika och förtjänar att behandlas med respekt. Allah har sagt i Koranen att då vi alla härstammar från Adam, oberoende av vår bakgrund eller religion är vi alla lika. Ingen person är överlägsen någon annan bara för att han eller hon föddes i en särskild familj. Dessa saker har ingen betydelse inom Islam. Det som har betydelse är en persons moral, handlingar och Taqwa, vilket är Guds medvetenhet om allt - tron på att Allah har kontroll över allting.

"Men Faiza påstod att Koranen pratar om kaster", sa Ayesha.

"Ja, Koranen talar om människor indelade i nationer och stammar men det är bara så att vi kan känna igen varandra. Koranen säger också att de enda personerna som är överlägsna andra är de som följer Guds lagar och Islam.

Vår profet (Frid vare med honom) sa också i sin sista predikan att Araber inte är överlägsna icke-araber, inte heller är vita överlägsna svarta. Alla män och kvinnor är skapade lika. Profeten tillhörde stammen Quresh, vilken ansågs vara en viktig stam i Arabien de dagarna och han arrangerade ett bröllop mellan en av sina kusiner med Hazrat Zaid som hade varit en slav. Genom att göra så bevisade han allas lika värde.

"Om alla är lika varför delas då människor in i olika stammar och nationer", frågade Hajra.

"Det är på grund av praktiska anledningar bara. Det skulle vara väldigt förvirrande om alla var en Khan eller Khawaja. Man skulle inte kunna särskilja vilken familj man pratade om. Men detta har inget att göra med att någon är överlägsen den andra. Återigen, det som spelar roll är hur man som person följer Guds lagar och regler.

Till exempel Shahrukh Khan eller Amir Khan må vara väldigt populära och deras fans gillar dem och beundrar dem för det de gör. Men om det finns en icke-Khan eller någon annan som inte tillhör något "större" kast, men följer Guds regler och lagar mer än de andra, är han eller hon bättre än Shahrukh Khan och Amir Khan."

"Vad är skillnaden mellan Shias (shiiter) och Sunnis (sunniter) för jag har sett på Facebook att några väljer att skriva att de är Shiamuslimer och andra att de är Sunnimuslimer? Är vi Shia eller Sunni?", frågade Qasim.

"Jag tror du lägger ner allt för mycket tid på Facebook! Delningen till de två grupperna har inte Allah gjort. Inom Islam finns det bara en typ av muslim, en som fruktar Allah och följer Allahs regler. Allah beordrar oss att behandla alla människor lika och inte behandla någon bättre på grund av att denne tillhör en viss grupp. Faktum är att Allah strikt förbjuder oss människor att göra på det viset. Profeten Muhammad (Frid vare med honom) gick så långt och sade att de som skapar grupperingar bland muslimer är inte en av oss - alltså att de inte är muslimer. Just därför bör vi endast säga att vi är muslimer och inte Shia eller Sunni."

"Om Faiza nu skryter om att hon är en Chaudhry, kommer jag strunta i det", sa Ayesha.

"Och om någon frågar mig om jag är Shia eller Sunni kommer jag svara att jag bara är muslim", sa Qasim glatt.

Hur ska muslimer behandla icke-muslimer?

Zohaib var på gott humör. Idag hade nämligen hans farbror Tahir besökt Zohaib och hans familj. Farbror Tahir bodde i Norge och hade med sig en massa godis och choklad som Zohaib delat med sig av till sina vänner. Nu ville de gärna träffa farbror Tahir för att lära sig lite mer om Norge eftersom de aldrig hade träffat någon från Norge förr. En dag efter skolan skulle pojkarna få komma och träffa farbror Tahir hemma hos Zohaib.

"Norge är inte bara ett av världens vackraste länder, utan också ett av de rikaste länderna i världen. Stora glaciärer och fjordar är några av de sevärdheter Norge är känt för. Norge har också många små öar längs kusten och många fina trästugor som bildar små städer. På somrarna kan man vandra, cykla och paddla kanot och på vintern kan man åka skidor och åka släde i snön", sa farbror Tahir entusiastiskt.

"Hur många invånare finns i Norge och hur många muslimer finns det där?", frågade Sikander.

"Befolkningen är ca 5 miljoner i Norge och av dem är ungefär 1,5 miljoner muslimer. Det finns omkring 30 000 pakistanier i landet och Islam är den näst största religionen.

I Norges huvudstad Oslo finns många vackra moskéer dit muslimer kan gå och be. För fredags- och Eidbönen samlas mycket folk för att be men också för andra muslimska högtider. Muslimer kan utöva sin religion utan att de på något sätt förhindras av staten."

Pojkarna lyssnade på farbror Tahir med stort intresse.

"Kommer muslimer och icke-muslimer bra överens med varandra?", frågade Alim.

"Muslimer och icke-muslimer lever väldigt bra tillsammans. De behandlar varandra väl och respekterar varandra. När det är Eid brukar våra norska vänner önska oss en glad Eid och på samma sätt när det är jul skickar vi julkort och om det är nära vänner så kan vi ge de presenter."

"Vad säger Islam om relationen mellan muslimer och icke-muslimer?, frågade Naeem."

"Då Islam är en religion med fred och rättvisa är det under inga omständigheter tillåtet för en muslim att behandla en icke-muslim illa. Muslimer ska inte på något sätt skrämma eller förstöra för icke-muslimer. Vi muslimer tror på att det är av yttersta vikt att följa det man har kommit överens om med andra, även icke-muslimer om. Om en muslim har ansökt om visum, fått det och lovat att följa landets regler, är det absolut inte tillåtet att begå brott eller på något sätt vilseleda landet."

"Hurdan var vår Profets attityd gentemot icke-muslimer?", frågade Zohaib fundersamt.

"Vår profet (Frid vare med honom) var mycket en mycket rar och vänlig person även gentemot icke-muslimer. En gång besökte några judiska män honom i Madinah och när det var dags att för de att be tillät vår profet (Frid vare med honom) dem att be i Masjid-e-Nabvi på deras sätt.

En dag gick profeten (Frid vare med honom) förbi en judisk begravningsceremoni och där stod för att visa respekt och på så sätt satte profeten (Frid vare med honom) upp ett exempel på hur muslimer ska behandla icke-muslimer. Profeten brukade också besöka icke-muslimer som var sjuka för att se hur de mådde."

"Kan muslimer vara vän med icke-muslimer? Är det tillåtet i Islam?", frågade Alim.

"Det finns två typer av icke-muslimer. Den ena typen är Islams fiender, sådana som öppet behandlar muslimer illa och hatar dem. Vi kan därför inte vara vänner med dessa typer av icke-muslimer och Koranen förbjuder oss även att vara med sådana människor.

Den andra typen av icke-muslimer är de som inte hatar muslimer och behandlar dem rättvist. Denna typ av icke-muslimer är det helt acceptabelt att vara vänner med och ha bra relationer med.

Det finns många muslimer som bor i icke-muslimska länder och även många icke-muslimer som bor i muslimska länder. Hur är det då möjligt att dessa båda grupper kan bo och leva tillsammans i ett samhälle om man inte respekterar varandras tro? Som muslimer är det vår religiösa plikt att få icke-muslimer att se Islam som något bra genom att; inte ljuga, inte fuska, inte stjäla och genom att vara ärlig och hjälpsam."

"Farbror, du sa att Islam tillåter religionsfrihet, vad menas med det?", frågade Naeem.

"Det betyder att det finns inget tvång i religionen. Man kan välja vilken religion man vill följa och tro på. Ingen ska tvinga någon att följa en viss religion. Ingen bestraffas för att man inte följer Islam. Vår profets (Frid vare med honom) uppgift var endast att föra fram Islams budskap och inget annat. Islam förbjuder oss att förstöra heliga platser inom andra religioner så som kyrkor, synagogor och även tempel. Faktum är att om det så behövs ska dessa platser skyddas från förstörelse. Islam förbjuder oss att tala illa om andra religioner och deras gudar."

"Men vad händer om en icke-muslim pratar illa om Islam. Vad borde vi göra då?", frågade Sikander.

"Koranen säger att om någon eller några pratar illa om Islam eller skämtar om religionen är det bästa man kan göra då att lämna platsen och återkomma tillbaka när den eller de har slutat prata illa om Islam."

"Farbror, jag har hört att under somrarna i Norge går solen aldrig ner och under vintern är det för det mesta natt. Hur kan man leva på ett sådant ställe?", frågade Zohaib.

"Ja, det är väldigt intressant. En fjärdedel av Norges yta ligger inom det man brukar kalla för norra polcirkeln. Länder som Sverige, Finland och Ryssland ligger också inom den norra polcirkeln och har också långa dagar under sommaren och väldigt korta dagar med solljus under vintern. Nordkap anses vara en av de mest nordligaste belägna punkterna i Europa och solen går inte ner där från och med den 14 maj till och med den 31 juli. Just därför kallas den ibland för Land of the Midnight Sun. Men vare sig hur lång dagen är följer invånarna i dessa regioner sina liv enligt tiden. På sommaren går de och lägger sig när det fortfarande är dagsljus utanför och på vintern går folk till jobbet och barnen till skolan även om det fortfarande är mörkt ute."

"Låter konstigt men intressant. Jag skulle vilja uppleva det någon dag", sa Sikander.

"Ja, det kan du om du studerar och kommer till Norge för att fortsätta dina studier. Då kan du även passa på att se midnattssol och samtidigt få en examen."

"Tack farbror för att du har berättat för oss hur man ska behandla icke-muslimer och även för det du berättat om Norge. Norge låter som ett intressant land som jag hoppas kunna besöka någon dag", sa Zohaib.

Varför kan vi inte se Allah?

I en liten by i Pakistan bodde en söt liten flicka, Mashal i ett stort hus. Hon älskade djur och det gjorde hon så mycket att hennes föräldrar hade gjort ett zoo i trädgården bakom huset med hundar, katter, kaniner och några fåglar såsom en påfågel och papegoja.

Det första Mashal gjorde när hon kom från skolan var att springa till djuren på bakgården. Hon var särskilt fascinerad av de vackra och spektakulära färgerna på påfågelns fjädrar. Hon lekte och tittade på sina husdjur i timmar. I huset fanns även ett litet akvarium med fina små fiskar.

En frågade Mashal sin mamma vem som hade skapat dessa vackra skapelser - djuren.

"Precis på samma sätt som Allah har skapat oss har Allah skapat alla andra skapelser också. Inte bara djur och människor utan allt i hela universum såsom solen, stjärnorna, bergen och haven är alla skapta av Allah", förklarade Mashals mamma.

"Om Allah skapade allt, vem har då skapat Allah?", frågade Mashal.

"Hm, du ställer precis den fråga jag ställde när jag var i din ålder. Det är svårt att förklara detta för du är fortfarande lite för liten för att förstå men jag ska göra mitt bästa att förklara för dig hur det ligger till."

"Så du undrade också det jag undrar när du var yngre?", frågade Mashal.

"Jag tror alla någon gång under sitt liv tänker på det. Det är naturligt att vara nyfiken på de saker vi ser och det även de vi inte ser och deras ursprung. Allah är i ett tillstånd som vi gör att vi inte kan se Allah men vi kan känna Allahs närvaro i allt vi kan se. Allah är inte som oss eller som något annat han har skapat för ingen eller inget är likt Allah.

Allah är skaparen till allt och är därför unik. Allah finnas i allt och överallt. Vi känner igen Allah genom de signaler som pekar mot Allah och människan accepteras existensen av skaparen genom dessa signaler."

"Om Allah finns överallt varför kan vi då inte se Allah? Är det för att Allah är högt uppe i himmelen?", frågade Mashal.

"Nej, det är inte så att Allah sitter någonstans där uppe i himmelen utan som jag nämnde tidigare är Allah närvarande överallt. Bara för att vi inte kan se Allah, betyder det inte att Allah inte existerar utan Allahs existens eller närvaro kan "kännas" och inte ses. Vi kan till exempel inte se luft men vi vet att den finns runtomkring oss då kan känna den - ingen organism kan leva utan den. På samma sätt kan vi inte se värme eller kyla men vi kan känna den. Det finns elektromagnetisk strålning i vår omgivning som vi inte heller kan se men som vi vet finns.

Vi kan känna smärta men inte se den och bara för att vi inte kan se den betyder det inte att den inte finns. En sak behöver inte alltid ses med blotta ögat för att kunna existera.

Allah har inte en fysisk form men existerar och det vet vi genom att vi kan känna Allahs existens i de saker som Allah skapat. Allt i detta universum pekar mot en skapare och den skaparen är Allah.

"Jag förstår inte riktigt hur man kan se Allah existens genom de saker som Allah skapat?", frågade Mashal.

"I detta universum finns det träd, berg, hav, sol, månar, stjärnor, djur och människor. Hur uppkom dessa saker? Vem skapade de här sakerna? Kom de av sig själva? Nej, det är inte möjligt. Allt måste ha skapats av någon eller någon kraft och den "någon" eller den kraften är Allah.

Om vi tittar på de olika signalerna i naturen såsom födelse av människor, jordens rotation och stjärnorna, molnen och regnet, natt och dag, olika typer av frukt och blommor, stora djur som valar och mikroskopiskt små organismer som vi inte ens kan se pekar alla mot existensen av en övre makt - Allah, som skapade allt det.

Inget och ingen annan än Allah har makten att skapa något. Man kan bara titta på hur människor är skapta från en endaste cell till en levande, en som andas och kan tänka och fatta beslut men som inte är varse om kroppens funktioner även när hon sover. Hur hjärnan processar information och lagrar minnen är också fascinerande och kan bara vara möjligt om det finns en övre makt, Allah.

Detta universum är så stort att vi inte ens kan fantisera om det men allt i universum fungerar på ett visst sätt och enligt ett mönster utan att något krockar eller förstörs.

Dag, natt och årstider kommer alla och går enligt en viss tid. Tror du ingen kontrollerar det?

Vi kan inte kontrollera dessa saker, vi kan inte ens förändra dessa saker även om vi skulle vilja. Det var just detta som Hazrat Ibrahim (Frid vare med honom) försökte förklara för kungen som hävdade att han var kung."

"Verkligen? Vem var Hazrat Ibrahim (Frid vare med honom) och vilken kung var det som sa att han var gud?", undrade Mashal som var ivrig att få veta.

"Hazrat Ibrahim var en av Allahs profeter långt före Hazrat Musa (Frid vare med dem). Han levde i nuvarande Irak. Han hade söner som också var profeter: Hazrat Ismail och Hazrat Ishaq (Frid vare med dem). Hans barnbarn Hazrat Yahoos (Frid vare med honom) var även han en profet. Kaba i Mecka byggdes av Hazrat Ibrahim. Under hans tid brukade folk dyrka solen, månen och stjärnorna. Han försökte förklara för människorna att hur någon som inte har någon vilja eller kan prata kan vara gud, men folket blev inte övertygade.

En dag gick han till templet där alla statyer fanns. Han krossade alla utom en och vilade sin yxa på sin axel. När kung Namrud och hans folk såg de förstörda statyerna var de alla väldigt arga och frågade Hazrat Ibrahim om han hade förstört dem.

Hazrat Ibrahim svarade att de skulle fråga deras största gud om vem som hade orsakat förstörelsen. De svarade att deras gud var gjord av sten och kunde därför inte prata. Hazrat Ibrahim hade gjort sin sak tydlig och han sa till dem att om något varken kan röra på sig eller prata, hur kan det då ge dig trygghet eller bestraffning. Vad var poängen med att dyrka en sådan gud?

När Namrud hörde det här lät han Hazrat Ibrahim dödas i en eld. Lyckligtvis med Allahs vilja klarade sig Hazrat Ibrahim."

"Oj, vad intressant. Tack för att ha berättat för mig om det här. Du ha svarat en massa frågor jag gått runt och burit på om Allahs existens. Nu vet jag att även om vi inte kan se Allah så existerar Allah."

Vad Koranen säger om Allah

Mashal och hennes kusiner Abdullah och Aira hade precis kommit tillbaka efter att ha tillbringat en heldag vid Rawal Lake med sina föräldrar. De var lite trötta efter att ha paddlat kanot i sjön under flera timmar och ville nu bara sätta sig ner och prata.

Mashal började berätta för Abdullah och Aira om diskussionen hon hade med sin mamma om Allah. Både Abdullah och Aira var intresserade av att veta då de var fascinerade över att man kunde "känna" Allahs närvaro i allt även fast man inte kunde se Allah - de hade inte tänkt så här tidigare. Precis i det ögonblicket kommer Mashals mamma in och Abdullah ber henne berätta mer om Allah.

"Vad säger Koranen om att tro på Gud?", frågade Abdullah.

"Det första vi borde tänka på är att det korrekta ordet för Gud är Allah, eftersom det är det specifika namnet den enda riktiga Guden. Inget och ingen annan kan kallas Allah. Ordet har inget plural, alltså det kan inte finnas flera Allah och ordet har heller inget kön. Det här visar på ordets unika egenskap i jämförelse med ordet gud vilket kan skrivas som flera, i plural och i feminint - gudinna.

Koranen talar om för oss att vi ska tro på en Gud - Allah. Tron på en Gud betyder att vi tror på att Gud är den övre makten som har skapat och kontrollerar allt i denna värld och universum och även allt utanför det.

Allah är unik, evig och bestående, alltså finns det ingen annat likt Allah. Allah har alltid varit och kommer alltid att vara, även när allting annat dör eller avslutas.

Koranen pratar om Allahs existens, faktum är att Koranen är ett bevis på Allahs existens för ingen annan kan ha skrivit en sådan fantastisk och häpnadsväckande skrift. Koranen är kopplingen mellan oss och Allah. Koranen talar om för oss att tro på Allah och följa Allahs regler och direktiv."

"Vad menas med Allahs direktiv och om allt sker på Allahs direktiv, vad är då meningen med oss människor och vår kamp?", frågade Mashal.

"Det här är en väldigt bra fråga och den kan förklaras i tre steg. Det första steget var när Allah skapade universum och vid det steget skapade Allah världen på det sätt Allah ville. Han skapade solen, månen, stjärnorna och jorden. Det andra steget var när Allah skapade reglerna så att universum kunde fungera. Allt i detta universum fungerar enligt de reglerna och ingen kan göra någon förändring i dem. Allah gav t.ex. elden egenskapen av värme och vatten egenskapen av att vara våt och ingen kan ta dessa egenskaper ifrån eld och vatten. I det sista och tredje steget skapade Allah människorna och särskilda regler för dem. Den enda skillnaden mellan naturens lagar och människans lagar är att naturen inte var någon egen vilja medan människan har fått fri vilja av att tänka av Allah.

En människa kan välja att vara god eller ond, snäll eller elak och hon kan endast dömas och hållas ansvarig för sina gärningar.

Om du till exempel inte går till skolan och studerar och sedan misslyckas på provet kan du inte skylla på Allah för det och säga att det var Allahs vilja som gjorde att jag misslyckades. Denna regel gäller också alla andra fall i våra liv."

"Om vi har fått en egen vilja av Allah hur kan vi då dra nytta av att tro på en Gud i våra liv", frågade Aira.

"Tron på en Gud betyder inte bara att vi accepterar Allahs existens utan det medför också att vi i våra dagliga liv bara frågar Allah om hjälp. När man tror på att bara Allah kan hjälpa en så behöver man inte hjälp av någon annan och det hindrar en från att var oärlig. Det gör oss trogen till Gud och Allah säger att den som följer Honom kommer inte att bli besviken."

"Om Allah vet allt betyder det då att Allah har ögon och öron genom vilka han ser och lyssnar på allt?", frågade Abdullah.

"När vi säger att Allah ser och hör allting betyder det inte att Allah ser med sina ögon eller hör med sina öron utan med det menar man att Allah är medveten om allt som försiggår. Allah är inte som sina skapelser för om Allah hade ögon och öron skulle ju Allah vara som sin egen skapelse."

"Jaha, har Allah bara ett namn?", frågade Mashal.

"Allah var beskrivit sig själv i Koranen med flera olika namn. Alla Allahs namn representerar Allahs attribut. Ett av Guds namn är Ar Rahman vilket betyder barmhärtig. Sedan finns det Al Ghaffar vilket betyder förlåtande, Al Khalid betyder skaparen och Al Khabeer betyder allvetande. Det finns 99 namn på Allah och var och ett av dessa vackra namn representerar en av Allahs vackra egenskaper. Muslimer tror på att studera dessa namn och attribut är en av de mest effektivaste sätten på att stärka ens relation med Allah."

"Hur kan vi veta om människans lagar?", frågade Abdullah.

"Alla människans lagar har beskrivits i Koranen och vår profet Muhammad (Frid vare med honom) följde de lagarna i sitt dagliga liv. Vi borde också försöka att följa enligt lagarna för att glädja Allah och så Allah är nöjd med oss."

Vem är en momin?

"Var är morfar?", frågade Shumail så fort han kom tillbaka från skolan.

"Han vilar nog på sitt rum, varför frågar du?", frågade Shumails mamma.

"Det här är mellan honom och mig", frågade Shumail och sprang iväg till sin morfars rum."

Yawar and Anusha var också nyfikna på vad Shumail ville med morfar så de följde också efter till morfars rum.

"Assalamualaikum morfar."

"Walikumaasalam, vad gör att ni alla är här samlade", undrade morfar som blev överraskad över att alla barn samlats på hans rum."

"Egentligen är jag här för en uppsats jag ska skriva i skolan och jag vill ha lite hjälp med att förstå ämnet så att jag kan skriva en bra uppsats", förklarade Shumail.

"Vad är uppsatsens ämne?", frågade morfar.

"Ämnet är Life of a Momin. Kan du förklara vem en momin är och vilken typ av liv han lever? frågade Shumail.

"Javisst, varför inte? Momin är ett arabiskt ord vilket betyder "troende". En person som helt och hållet följer Allahs regler och direktiv, har en djup tro på Islam och är en muslim på det viset."

"Men du skulle kunna ha sagt att en muslim är en troende och att denne också följer Allahs direktiv och regler. Vad är då skillnaden mellan en muslim och en momin?", frågade Yawar.

"Det är en väldigt bra fråga. Skillnaden mellan en muslim och momin är graden, alltså hur mycket troende och lydig man är som troende av Islam. Båda accepterar Islam som en religion, båda tror på änglar, på domedagen och båda följer Islams ritualer såsom att be och att

fasta men en momin är en person som har nått en högre grad av tro (Iman) - en momin är en sann troende. Denne har förstått och följer Islam och Allahs direktiv till fullo utan några undantag - detta kallas (tawakkul)."

"Så det betyder att när någon accepterar Islam så blir den en muslim och när denne följer sitt liv enligt Islam blir denne en momin?", frågade Anusha.

"Precis, helt rätt. Alla momins är muslimer men inte alla muslimer är momins."

"Vad är en momins kännetecken?", frågade Shumail."

"En momin är en troende som genom olika händelser i livet inte blir orolig utan tror på att det prövningar av Allah och är fortsatt trofast. En momin klagar inte på något, faktum är att en momin visar tacksamhet inför Allah även när hen går igenom svåra situationer i livet. Momin är tålmodig och fruktar Allah, prisar Gud och vänder sig till Allah för sin frälsning."

"Gör en momin aldrig något ont eller elakt?", frågade Yawar.

"Muslimer är människor och ibland gör de fel men så fort de inser att de gjort fel och gjort alla missnöjd ber de om förlåtelse om Allah. Det är för att de inte är arroganta och vet att de kan begå synder."

"Var vår profet Muhammad (Frid vare med honom) en Momin också?", frågade Anusha.

"Han (Frid vare med honom) är det bästa exemplet på en momin därför han gjorde allt Allah beordrade honom att göra. Han ljög aldrig, skadade aldrig någon, var alltid tålmodig och vänlig med människor. Profeten (Frid vare med honom) bad regelbundet, gav välgörenhet, spred Islams budskap trots hoten han mottog. Det är en riktig troende.

Exemplarisk personlighet

Ibrahim kände sig både stolt och upprymd eftersom han hade vunnit sin första skoltävling som handlade om att både skriva och framföra ett tal. Han ville dela den goda nyheten med sin familj och speciellt med sin morfar, eftersom det var han som hade hjälpt honom med talet.

"Morfar, jag vann första pris i skoltävlingen!", utbrast Ibrahim.

"Men så bra gjort av dig! Jag bad hela dagen för dig."

"Dina böner och hjälpen jag fick av dig gjorde så att jag vann tävlingen. Tack så mycket! Det var en tuff tävling och i början var jag så nervös, men när jag började tala tystnade alla och när talet var slut så fick jag applåder. När jag tog emot priset av huvudgästen, sa han att jag hade talat på ett bra sätt om en Momins liv och att jag skulle försöka införliva en Momins egenskaper in i min egen personlighet. För om jag gjorde det, då skulle jag kunna bli en förebild för andra", sa Ibrahim.

"Men det var verkligen ett bra råd."

"Vad är en förebild och vilken typ av karaktär har en sådan?", frågade Ibrahim.

"En förebild är någon som har en beundransvärd karaktär, har goda vanor och en hög moral. Det är en person som visar på ett mycket gott beteende, som andra kan följa.

"Finns det några människor som skulle kunna vara förebilder för oss?", frågade Ibrahim.

"That's a very good advice."

"Ja, det finns manga, men den bästa och största förebilden är vår profet Muhammad (Frid vare med honom). I Koranen står det att han är det bästa exemplet på en perfekt personlighet."

"Wow! Kan du berätta mer om vår profets karaktär och vad tyckte hans följeslagare om honom?"

"Självklart! Vår profet (Frid vare med honom) var symbolen för goda vanor. Han behandlade alltid barnen på ett vänligt sätt, han gillade deras sällskap och lekte med dem för att göra dem glada. Han hade ett sinne för humor, som varken var vulgärt eller retsamt för någon. Han älskade fred och ville att människor skulle leva i harmoni och reda ut sina oegentligheter utan att ta till våld. Han brukade hälsa på personer genom att säga Salaam/AssalamuAlaikum och han tog alltid initiativet. Han hade en behaglig personlighet och både hälsade och talade till människor med hövlighet.

Han var alltid generös och såg alltid till andra människors behov före sina egna. Han var omtänksam gällande kvinnors rättigheter och befallde sina följare att behandla kvinnor med särskild respekt och som sina jämlikar. Han var mycket hänsynsfull gentemot föräldralösa barn och bad sina följeslagare att ta hand om dem på bästa sätt. Han var inte bara hänsynsfull gentemot människor, utan även mot djur. Han sa till människorna att de skulle behandla djuren med vänlighet, eftersom de var Allahs skapelser. Han var en blygsam, generös och osjälvisk person."

"Hur såg han ut, kan du beskriva honom?"

Han var av medellängd, varken kort eller lång. Likadant gällande hans hudfärg, den var varken ljus eller mörk. Men hans ansikte lyste som om det var en fullmåne. Hans hår var varken kort eller långt, inte heller rakt eller lockigt. Hans ögon var svarta och ögonbrynen var långa. Han såg stark ut och var varken knubbig eller smal. Kort sagt, han var vacker och utstrålade styrka, självsäkerhet och människorna beundrade hans personlighet."

"Så om jag vill vara en förebild för andra, vilka egenskaper borde jag då ha?", frågade Ibrahim.

"Som jag förklarade för dig tidigare, den mest perfekta personligheten är som Huzoors, så du borde efterlikna honom om du vill sätta en standard för god karaktär och personlighet. Med andra ord, du ska vara ärlig, uppriktig, sanningsenlig, blygsam, lydig, arbetsam, punktlig, effektiv, artig och vänlig gentemot alla. Du ska inte luras eller vara lat. Du ska inte vara svartsjuk eller avundsjuk på andra och inte argumentera. Du ska inte retas eller göra dig lustig över andra, inte heller se dig som själv mer värd än någon annan, speciellt inte nu med tanke på att du vann tävlingen", sa Ibrahims morfar och log.

"Men morfar, det verkar så svårt att vara allt det där, nästan omöjligt!"

"Nej, det är det inte! Det kanske verkar omöjligt, men det är inte det. Du kan steg för steg sluta med dåliga vanor och samtidigt kan du arbeta med goda kvaliteter. Om någon är fast besluten att förändra sig till det bättre, då hjälper Allah dig längs vägen. Det kanske tar lång tid, ibland ett helt liv, men om du är fast besluten om att förbättra dina vanor då kan du bli ett gott exempel på någon som andra ser upp till och respekterar."

"Jag kommer att bli en bra person som andra kan lita på och se upp till. Jag vill försöka likna profeten Muhammad (Frid vare med honom) och respektera andra så att de respekterar mig", lovade Ibrahim.

"Du är en bra pojke Ibrahim och jag tror på dig. Du kan bli en bra förebild för andra, men ge inte upp att försöka bli en man med god karaktär".

Just då kom Ibrahims mamma och pappa in i rummet och överraskade honom med en chokladtårta för att fira hans framgångar.

OM FÖRFATTAREN

Arif Mahmud Kisana bor i Stockholm sedan 1995 och arbetar inom medicinsk forskning vid Karolinska Institutet. Förutom sina professionella åtaganden, har han på sin fritid en passion för att skriva. Han skriver artiklar och bloggar för och i olika tidningar och tidskrifter. Ämnena sträcker sig från islamisk historia, sociala frågor, integration, harmoni, mänskliga rättigheter, vetenskaplig utveckling samt filosofi.

Arif Kisana har också aktivt representerat sitt samhälle och han är medlem i Foreign Press Association, Sverige. Han är också grundaren av Stockholm Study & Culture Circle som har möte varje månad för undervisning av Den Heliga Koranen och den helige profetens liv (Frid vare med honom). Där diskuterar medlemmar tillsammans för att kunna lösa problem som uppstår i vardagen.

Medicinsk forskning är hans yrke, att skriva är hans passion. Han har skrivit boken "Afkar-e-Taza" (Nya idéer) på urdu, som är en samling av hans artiklar och kolumner. "En samling härliga berättelser för barn" är just ämnad för barn. Berättelserna för barn är baserade på svar på deras frågor om islam och vardagslivet i vårt samhälle. Den svenska översättningen för den andra delen av boken med titeln "En samling härliga berättelser för barn 2" och dess svenska översättning kommer att finnas inom kort. Författaren skriver för närvarande även böckerna "Iqbal och Dag Hammarskjöld",

"Mitt andra hemland" (kolumner och uppsats om Sverige) och "Awaz-e-Arif" (En samling uppsatser).